DE L'EXAMEN

DES

COMPTES DES MINISTRES,

ET PARTICULIÈREMENT

DU RÉGLEMENT DÉFINITIF DES BUDGETS,

DÉDIÉ

Aux Membres des deux Chambres,

PAR L'AUTEUR DE L'EXAMEN DES BUDGETS DE 1814 ET 1815,

J. B. B. DE TROYES.

Principiis obsta!.......
OVIDE.

PARIS.

Vᶜ. BALLARD, IMPRIMEUR DU ROI,

RUE J.-J. ROUSSEAU, Nᵒ. 8.

JANVIER 1829.

DE L'EXAMEN

DES

COMPTES DES MINISTRES,

ET PARTICULIÈREMENT

DU RÉGLEMENT DÉFINITIF DES EXERCICES CLOS.

Quel est et quel doit être le but qu'on se propose dans l'examen des comptes des ministres, et par qui cet examen doit-il être fait?

Le but de l'examen des comptes des ministres n'est-il pas, ou au moins ne doit-il pas être de savoir ce que les ministres ont *dépensé* dans une année, et de s'assurer s'ils n'ont pas *dépensé* au-delà du crédit qui leur a été accordé?

Ce but est-il atteint et peut-il être atteint par l'examen que fait *du compte annuel des finances* la commission administrative nommée annuellement en exécution de l'ordonnance du 10 décembre 1823?

Est-il atteint et peut-il être atteint par l'examen que fait *des comptes de chaque comptable* la cour des comptes, et par les déclarations qu'elle rend pour attester *l'accord du compte annuel des*

finances avec les résumés généraux et avec les ar-
rêts prononcés sur les comptes individuels de ces
comptables?

Est-il atteint et peut-il être atteint par l'examen que les commissions des deux chambres
font *du compte de chaque exercice clos* avant d'en
voter le réglement définitif?

Avant de répondre à ces diverses questions, et
pour pouvoir y répondre pertinemment, il est
nécessaire de savoir ce qu'on entend et surtout
ce qu'on doit entendre par *dépenses* d'un exercice.

On lit dans l'ordonnance du 14 septembre 1822,
art. 1ᵉʳ : « Seront considérées comme dépenses
» d'un exercice, les dépenses résultant *d'un ser-*
» *vice fait* dans l'année qui donne son nom audit
» exercice. » Et art. 18: « Il sera tenu dans cha-
» que ministère un journal général et un grand
» livre en parties doubles, dans lesquels seront
» consignées sommairement et à leur date, toutes
» les opérations concernant *la liquidation,* l'or-
» donnancement et le paiement des dépenses. »
Si on consulte les comptes des ministres et
l'état intitulé *compte des dépenses publiques* dans
le compte général des finances (page 40 et suivantes du compte de 1827), on trouvera que

les ministres entendent par *dépenses les droits*
constatés *au profit des créanciers de l'état, et*
résultant de services faits ; ce qui signifie évidemment que les sommes portées dans les comptes ne comprennent que les pièces de dépenses
qui ont été vérifiées et liquidées.

Ainsi voici ce que les ordonnances et les ministres entendent par *dépense :* « Un service fait
» dont la dépense a été vérifiée et liquidée. »
Mais est-ce bien là ce qu'on doit entendre par
dépense, et peut-on, dans des comptes rendus
conformément à cette définition, savoir ce que
les ministres ont réellement *dépensé* dans une
année, et s'assurer s'ils n'ont pas dépassé le crédit qui leur avait été alloué pour cette année-là ?

La réponse à cette question est évidemment :
Non.

En effet une dépense n'a pas seulement lieu
lorsque les droits des créanciers ont été *con-*
statés, c'est-à-dire lorsque leurs titres de créance
ont été vérifiés et liquidés ;

Elle a déjà lieu lorsque le créancier a déposé
son titre de créance dans les bureaux du ministère;

Elle a même déjà lieu lorsqu'un service a été
fait, ou qu'un objet soumissionné a été livré;

Enfin elle a déjà lieu, lorsque le ministre a
commandé un service ou adjugé un travail à faire;
car par la *commande* d'un service, ou par l'ad-
judication d'un travail à faire, l'état a véritable-

ment été engagé envers les soumissionnaires tout aussi bien que ceux-ci le sont envers lui; et le crédit d'un chapitre de dépense est tout aussi bien absorbé par *la commande* d'un service, que par *la liquidation* ou même par *le paiement* de la dépense de ce service.

Une *dépense* est donc *l'ordre que donne un ministre d'exécuter un service quelconque*, et non pas seulement un *service fait* dont la dépense a été liquidée.

Il ne suffit donc pas aux ministres d'indiquer dans leurs comptes le montant des dépenses qui ont été liquidées; il faut qu'ils fassent connaître le montant des dépenses pour lesquelles ils ont contracté des engagemens.

Il est possible que, dans chaque ministère, on tienne note des services *commandés* ou adjugés; il est même probable qu'on le fait; mais cela ne suffit pas: il est indispensable qu'il en soit tenu des écritures régulières, consignées jour par jour dans le journal général de chaque ministre, et que les comptes les reproduisent; car ce n'est qu'en suivant cette marche que les ministres feront connaître ce qu'ils ont réellement *dépensé* dans une année, et prouveront qu'ils n'ont pas dépassé le crédit qui leur a été alloué. Autrement ils pourront toujours rejeter sur l'exercice suivant la portion des dépenses d'un exercice qui excédera le crédit de cet exercice ; autrement ce sera envain que l'ordonnance du 14 sep-

tembre 1822 aura dit, art. 11 : « Chaque ordon-
» nance de paiement énoncera l'indication de
» l'exercice et du chapitre auquel elle s'ap-
» plique. »

C'est ainsi, par exemple, que, quand on voit,
page 23 du compte du ministre de l'intérieur
pour l'exercice 1826, que les dépenses pour mo-
numens d'arts se sont élevées à 127,698 fr. 81 c.
et que tant en 1826 qu'en 1827 il a été payé sur
cette dépense *précisément* cette même somme de
127,698 fr. 81 c., on se demande à quelle époque
elle a été inscrite au profit des créanciers de
l'état, et si elle forme la totalité de ce qui leur
était dû à cette époque ; on se demande si elle
l'a été :

1°. Lorsque le ministre a *commandé* aux soumissionnaires, et que ceux-ci ont pris l'engage-
ment de fournir les statues qui font l'objet de
cet article de dépense ?

2°. Ou seulement lorsque les statues ont été
livrées ?

3°. Ou seulement lorsque les créanciers ont
déposé dans les bureaux du ministère leurs
titres de créance, c'est-à-dire leurs factures ?

4°. Ou seulement, enfin, lorsque *leurs droits
ont été constaté*s, c'est-à-dire que leurs titres de
créance ont été vérifiés et liquidés ?

5°. Ou seulement même lorsqu'on leur a délivré des ordonnances de paiement ? De telle
sorte qu'on n'aurait considéré comme droits

constatés que *précisement* la somme qu'on voulait ou qu'on pouvait ordonnancer : ce qu'on est fondé à présumer d'après l'identité de la somme payée avec celle des droits constatés.

Quand ensuite on examine les détails de cet article de dépense et qu'on remarque, d'une part, que les 20,000 fr. pour la statue de Louis XIII, et les 25,000 fr. pour la statue de Louis XIV, qui sont portés dans la colonne *des droits constatés au profit des créanciers de l'état* ne sont que des *à-comptes* sur le prix de ces statues, ce qui annonce un reliquat à payer; d'autre part, que les 14,198 fr. 81 c. payés à l'entrepreneur des carrières de Carrare sont au contraire *un solde de compte*, ce qui annonce des paiemens faits antérieurement *à-compte;* quand, dis-je, on examine ces détails, n'est-on pas en droit de conclure que les droits des créanciers n'ont pas même été inscrits quand ils ont été constatés, c'est-à-dire liquidés, mais qu'ils ne l'ont été qu'au fur et à mesure de la délivrance des ordonnances de paiement ; qu'une partie de cette dépense avait déjà été acquittée sur les fonds de l'exercice 1825 ; que le surplus le sera probablement sur l'exercice 1827, et que, par conséquent, le ministre de l'intérieur n'a pas indiqué ces dépenses dans l'exercice auquel elles se rapportent.

Il est donc indispensable : 1°. qu'on considère comme dépenses d'un exercice , non pas seulement les dépenses résultant d'un service fait dans l'année qui donne son nom audit exercice, mais bien les dépenses *commandées* dans cette année ; et 2°. qu'on impose à chaque ministre l'obligation de faire consigner dans le journal général de son ministère, et de reproduire dans ses comptes, non-seulement les opérations concernant la liquidation et l'ordonnancement des dépenses, ainsi que l'art. 18 de l'ordonnance du 14 septembre 1822 le leur prescrit, mais bien :

1°. Le total des dépenses qu'il aura *commandées* ;

2°. La portion de ces dépenses qui aura été effectuée, c'est-à-dire les services faits ;

3°. Le montant des sommes *réclamées* par les créanciers de l'état, c'est-à-dire des titres de créance déposés dans les ministères ;

4°. Le montant des droits constatés au profit des créanciers de l'état, c'est-à-dire, des titres de créance *vérifiés et liquidés* ;

5°. Enfin, le montant des ordonnances de paiement délivrées sur les caisses du trésor.

Mais quand on aura défini ce que sont les dépenses réelles d'un exercice, et imposé aux ministres l'obligation de les faire connaître dans leurs comptes, qui sera chargé de s'assurer que cette mesure aura reçu son exécution ou, en d'autres termes, qui examinera les comptes des ministres?

––––––

Ce ne peut pas être la commission administrative nommée annuellement en conformité à l'ordonnance du 10 décembre 1823, car d'abord, étant nommée par le ministre des finances seulement pour une année, c'est-à-dire étant à peu-près révocable à sa volonté, elle ne peut ni juger les ministres ni même les controler. Aussi, les ordonnances des 23 décembre 1823 et 9 juillet 1826 ont-elles réduit ses attributions :

1°. A arrêter le journal et le grand-livre de la comptabilité générale;

2°. A constater la concordance du compte général des finances avec les écritures centrales.

En second lieu, elle n'a probablement pas les pièces de comptabilité et surtout les ordonnances de paiement à sa disposition ; et quand bien même elle les aurait, elle n'aurait pas le temps de les examiner.

En effet, l'ordonnance du 14 septembre 1822 dit, art. 20 : « Toutes les dépenses d'un exer-
« cice devront être liquidées et ordonnancées

» dans les neuf mois qui suivront l'expiration de
» l'exercice, et de manière que le compte définitif
» puisse en être établi et arrêté au 31 décembre
» de l'année suivante. » D'un autre côté, l'art. 102
de la loi du 15 mai 1818 porte « que le réglement
» définitif des budgets antérieurs sera l'objet
» d'une loi particulière qui sera *proposée aux*
» *chambres avant la présentation de la loi annuelle*
» *des finances,* et que les comptes prescrits par le
» titre 12 de la loi du 25 mars 1817 seront joints
» à cette proposition. » Or, comme parmi ces
comptes se trouve le compte général des budgets appuyé par la situation du trésor au 31 décembre, il me paraît évident que le compte général des finances doit être arrêté au 31 décembre; mais comme il ne peut être clos que du 10
au 15 janvier, c'est-à-dire après l'intervalle nécessaire pour que la comptabilité centrale puisse
avoir reçu de tous les comptables la note de
leurs opérations jusqu'audit jour 31 décembre;
qu'il ne peut guère être dressé et rédigé avant
le 1er. février; qu'il ne peut non plus guère être
imprimé, vérifié et distribué avant le 1er. mars;
il est incontestable que la commission administrative, qui doit faire son procès-verbal avant
que la chambre des députés statue sur le réglement définitif qui lui est soumis, et dont les élémens sont en partie compris dans ce compte général des finances, n'a ni le temps ni les moyens
d'examiner les comptes des ministres, c'est-à-

dire de savoir ce qu'ils ont réellement *dépensé*, et de s'assurer s'ils n'ont pas dépassé les crédits qui leur ont été alloués.

———

Cet examen n'est pas fait et ne peut pas être fait non plus par la cour des comptes.

A la vérité, elle aurait le temps nécessaire pour le faire, puisqu'elle ne rend ses déclarations sur les comptes qu'après l'expiration de l'année dans laquelle ils ont été rendus. Elle en aurait aussi complètement les moyens, puisque toutes les pièces de comptabilité, et notamment les ordonnances de paiement, sont mises à sa disposition.

Mais d'abord, si elle le faisait, c'est-à-dire si elle déclarait que les ministres ont, ou n'ont pas dépassé leurs crédits, elle jugerait les ministres et serait par conséquent au-dessus d'eux. Or, une telle prérogative, confiée à un corps permanent dont les membres sont inamovibles, pourrait avoir des inconvéniens.

Au surplus, nous n'avons pas à débattre cette grave question; car la loi du 16 septembre 1807 interdit formellement à la cour des comptes *de rechercher si les attributions de deniers trouvent leur justification dans les budgets*, et lui enjoint formellement d'admettre les paiemens effectués par les comptables, toutes les fois :

1°. Qu'il y a une ordonnance de paiement signée d'un ministre, ou bien un mandat de paiement signé d'un ordonnateur secondaire et résultant d'une ordonnance de délégation d'un ministre ordonnateur;

2°. Que cette ordonnance ou ce mandat de paiement sont accompagnés de pièces qui constatent que leur effet est d'acquitter une dette de l'état régulièrement justifiée;

3°. Que cette ordonnance ou ce mandat de paiement sont revêtus de l'acquit de la personne au profit de laquelle ils ont été délivrés.

L'examen que fait la cour des comptes est donc purement matériel.

Aussi lit-on dans sa déclaration du 7 mars 1828 relative à l'exercice 1825 : « Considérant que, » sur les dépenses, les pièces produites par les » comptables, à l'effet de justifier :

» 1°. De la liquidation des droits des créan— » ciers ;

» 2°. De l'ordonnancement sur des crédits ré— » guliers ;

» 3°. Du paiement fait à qui de droit, satisfont » aux dispositions de l'ordonnance du 14 sep— » tembre 1822 ;

» La Cour, etc., etc. »

Aussi voit-on en outre, dans l'état annexé à ladite déclaration (page 171 du compte de 1827), que les dépenses constatées par les arrêts de la cour dans les comptes individuels des comptables sur ledit exercice 1825, se sont élevées à 981,972,809 francs; que cette somme a été payée, savoir :

En 1825.....................	5,304,262.
En 1826.....................	852,714,858.
En 1827.....................	123,953,489.
Total égal......	**981,972,609.**

Qu'elle comprend les dépenses suivantes :

Liste civile et Famille royale............	38,000,000.
Chambre des pairs.....................	2,000,000.
Chambre des députés..................	800,000.
Légion-d'honneur.....................	3,575,892.
Fonds d'amortissement.................	40,000,000.
Dette perpétuelle.....................	196,894,940.
Dette viagère........................	8,791,793.
Pensions............................	62,204,132.
Intérêts de cautionnemens.............	9,575,937.
Justice.............................	19,442,025.
Affaires étrangères...................	9,792,031.
Affaires ecclésiastiques et instruction.....	30,020,722.
Intérieur...........................	99,728,239.
Guerre.............................	203,811,805.
Marine.............................	61,934,148.
Frais de régie, perception, etc...........	129,151,082.
Finances...........................	30,512,336.
Remboursemens et restitutions..........	35,737,527.
Total égal........	**981,972,609.**

Aussi, si delà on se reporte au compte du budget des dépenses de l'exercice 1825 (pag. 120 à 123 du compte des finances de 1826), trouve-

t-on que ces diverses sommes sont bien con-
formes à celles qui ont été allouées aux divers
ministères, soit par les lois de finances, soit par
les ordonnances royales qui ont approuvé la
répartition que chaque ministre a faite du crédit qui lui avait été alloué, c'est-à-dire que les
paiemens *appliqués* à cet exercice sont confor-
mes aux crédits, et qu'ainsi aucun des ministres
n'a dépassé *ostensiblement* son budget.

Mais si, ainsi que nous avons vu que cela était
possible, que cela même était probable— « Une
» partie de ces paiemens avaient été effectuée sur
» des ordonnances indiquant que les dépenses
» étaient relatives à l'exercice 1825, tandis que
» dans le fait elles auraient été des restes de dé-
» penses réellement *commandées* et même faites
» sur l'exercice 1824, mais seulement *liquidées*
» *et ordonnancées* sur l'exercice 1825. »

Si en outre, ainsi que nous avons encore vu
que cela était non-seulement possible, mais même
probable, « les paiemens constatés sur l'exer-
» cice de 1825 par des arrêts de la cour ne for-
» maient pas la totalité des dépenses *réelles* de
» l'exercice 1825, par quoi nous savons main-
» tenant qu'il faut entendre, non-seulement les
» dépenses liquidées et ordonnancés, mais même
» les dépenses commencées en 1825. » —Que
devra-t-on conclure de la concordance reconnue
par la cour des comptes, entre les dépenses portées dans le compte annuel des finances et les

dépenses constatées par ces arrêts? Rien autre chose, sinon que les ministres n'auront constaté de droits de créanciers et délivré d'ordonnances de paiement que pour une somme égale à celle qui leur avait été allouée par les lois de finances, mais nullement que, sur un exercice, ils n'ont pas *dépensé* au-delà de ce crédit : et puisqu'il est interdit à la cour des comptes de vérifier si les attributions de deniers trouvent leur justification dans le budget, c'est-à-dire de rechercher si les ordonnances de paiement s'appliquent réellement à l'exercice qu'elles indiquent, il est évident que l'examen des comptes des ministres tel que nous l'avons défini, n'est pas fait et ne peut pas être fait par la cour des comptes.

Il nous reste donc à voir s'il est fait, ou si dans l'état actuel de la législation à cet égard, il peut être fait par les chambres ou, pour mieux dire, par les commissions des chambres chargées d'examiner la proposition de loi du réglement définitif d'un exercice.

D'abord il n'y a nul doute que la chambre des députés, qui alloue les dépenses et peut accuser les ministres, et la chambre des pairs, qui peut les juger, n'aient le droit d'examiner leurs comptes sous tous les rapports possibles, et par conséquent de vérifier ce qu'ils ont *dépensé* dans une année, et de s'assurer s'ils n'ont pas dépassé, *dans leurs dépenses*, les crédits qui leur avaient été alloués. Mais le peuvent-elles, c'est-à-dire sont-elles mises en possession des documens qui pourraient les éclairer dans leurs recherches? et dans l'état actuel de la législation à cet égard, ont-elles le temps qui est indispensable pour faire cet examen?

N'ayant pas pu me procurer des renseignemens positifs pour pouvoir répondre avec certitude à la première question, je dirai qu'il est probable que les ordonnances de paiement et les autres pièces à l'appui des comptes passent directement des mains des comptables à la cour des comptes, et que par conséquent il n'est pas présumable que les commissions des deux chambres les aient à leur disposition, et puissent vérifier si les ordonnances de paiment s'appliquent réellement à l'exercice qu'elles indiquent, ou si celui qu'elles indiquent est bien celui dans lequel la dépense a été faite, c'est-à-dire *commandée*. Mais quand bien même ces commissions auraient à leur disposition toutes les pièces de comptabilité, il est facile de se convaincre qu'elles n'auraient pas le temps de les examiner.

En effet elles ont à examiner non-seulement les comptes des ministres relatifs à l'exercice dont le réglement est soumis aux chambres, mais encore le compte général des finances de l'année précédente qui contient une partie des élémens du compte de cet exercice. Or, comme nous avons vu qu'il est difficile que ces documens leur soient remis avant le mois de mars, et que d'un autre côté l'usage adopté jusqu'à présent semble exiger que les commissions fassent leur rapport et que les chambres statuent sur ce réglement, avant de s'occuper de la loi des finances de l'année suivante, il paraît évident que les commissions ne peuvent pas, sans prolonger la session outre mesure, mettre plus de deux à trois mois à l'examen de tous ces comptes.

Mais quand nous voyons que la cour des comptes, qui est composée de plus de cent personnes dont l'examen des comptes est la principale fonction, emploie une année à examiner la partie matérielle des comptes de l'année précédente, comment pourrions nous croire qu'il serait possible à une commission composée de neuf membres, qui ont à assister aux séances des chambres et à s'occuper de tous les objets qui leur sont soumis; comment, dis-je, pourrions nous croire qu'il lui serait possible de compléter en deux ou trois mois l'examen moral et, en même temps aussi, l'examen matériel des comptes?

Je dis l'examen moral et aussi l'examen matériel des comptes; car, puisque celui |que font les chambres précède celui que doit faire la cour des comptes, il est constant que, pour pouvoir fixer le chiffre de l'exercice clos, il faut bien qu'elles s'occupent de l'un et de l'autre.

Si même on laissait à la cour des comptes l'examen matériel des comptes, c'est-à-dire l'examen relatif à la quotité et à la validité des paiemens, et si les chambres n'avaient plus à s'occuper que de l'examen moral de ces comptes, c'est-à-dire de l'examen relatif *à l'origine et à l'ordonnâncement* des dépenses, il leur serait impossible, à ce que je crois, de compléter cet examen dans un espace de temps aussi resserré.

Il est donc indispensable que les commissions des chambres consacrent plus de temps à cette opération. Mais le peuvent-elles? C'est-à-dire l'usage où sont les chambres de statuer sur les comptes, avant de s'occuper de la loi annuelle des finances, est-il une obligation qui leur soit imposée par la législation actuelle, ou simplement une règle qu'elles se sont imposée elles-mêmes, et à laquelle par conséquent elles peuvent déroger quand elles le jugeront convenable? Je n'hésite pas à me prononcer pour la dernière alternative; car la loi du 15 mai 1818 porte bien (art. 102) : « que le réglement définitif des bud-» gets sera l'objet d'une loi particulière *qui sera* » *proposée aux chambres*, avant la présentation » de la loi annuelle des finances. » Mais cette loi n'a pas statué et n'a pas pu statuer, que les chambres prononceraient sur cette proposition avant de s'occuper de la loi annuelle des finances.

Les chambres ne sont donc nullement liées à cet égard, et elles peuvent non-seulement autoriser, mais même inviter leurs commissions chargées de l'examen de la proposition de loi du réglement définitif de l'exercice clos et par conséquent du compte général de l'administration des finances de l'année précédente, à prolonger leur examen au-delà de la session, et à ne faire leur rapport qu'à l'ouverture de la session suivante, ou même à ne le faire qu'après que la cour des comptes aurait rendu ses déclarations sur la régularité matérielle de ces comptes.

Il résulterait à la vérité de cette disposition, que les commissions des comptes seraient permanentes et que le réglement des exercices clos serait retardé, mais s'il y a à cela quelqu'inconvénient, la prudence n'exige-t-elle pas qu'on préfère la mesure qui en présente le moins, ou qui en présente de moins graves?

Or l'inconvénient de la permanence (1) de deux commissions composées chacune de neuf membres, et du retard du réglement des exercices peut-il entrer en comparaison avec tous ceux qui résultent de la précipitation avec laquelle les chambres sont forcées, ou plutôt sont dans l'usage de statuer sur les comptes? N'est-ce pas

(1) Cette permanence serait analogue à celle de la commission de surveillance de la caisse d'amortissement, qui subsiste et exerce ses fonctions dans l'intervalle des sessions, et n'aurait par conséquent rien d'insolite ni d'inconstitutionnel; elle n'aurait d'ailleurs rien de dangereux, puisque la commission est renouvelée chaque année.

un inconvénient très-grave, inconvénient que la chambre des députés a déjà entrevu, que celui de fixer le chiffre du budget d'un exercice, quand l'examen que la cour des comptes fera des pièces de comptabilité, peut mettre les chambres dans le cas de revenir sur ce chiffre? et n'est-ce pas l'inconvénient le plus grave de tous que les chambres n'aient pas, pour l'examen des comptes, le temps qui serait matériellement nécessaire, pour s'assurer si toutes les dépenses qui ont été *commandées* par les ministres dans l'année qui donne son nom à l'exercice, sont portées dans leurs comptes, et si toutes les ordonnances de paiement relatées dans ces comptes, sont bien relatives à l'exercice qu'elles indiquent?

RÉSUMÉ.

On doit considérer comme dépenses d'un exercice toutes les dépenses qui ont été *commandées* dans l'année qui donne son nom à cet exercice, quand bien même elles ne devraient être payées en tout ou en partie que dans les années suivantes.

Il faut qu'on impose à chaque ministre l'obligation de les faire consigner dans le journal général de leur ministère aussitôt qu'elles sont *commandées*, et de les produire dans leurs comptes.

L'examen matériel des comptes doit continuer à être fait par la cour des comptes, et il est nécessaire qu'on ajoute à ses attributions celle d'arrêter le journal et le grand-livre de la comptabilité générale, et de constater l'accord de ces livres avec le compte annuel des finances.

L'examen des comptes, relativement à l'origine et à l'ordonnancement des dépenses, doit être fait par les commissions des deux chambres.

Le rapport sur ces comptes ne doit être fait aux chambres qu'après que la cour des comptes a rendu ses déclarations sur l'accord du compte annuel avec les résumés généraux et avec les arrêts rendus sur les comptes individuels.

Les commissions des deux chambres doivent être nanties de toutes les pièces concernant l'origine des dépenses, et être permanentes, c'est-à-dire continuer leur examen pendant l'intervalle des sessions.

www.ingramcontent.com/pod-product-compliance
Lightning Source LLC
Chambersburg PA
CBHW061816060726
47597CB00008B/3217